Cultivo de hierbas aromáticas

cincotintas

Cultivo de hierbas aromáticas

Una guía básica para plantar
y cosechar hierbas aromáticas
en el espacio que tengas

ANDREW
PERRY

Contenidos

Mensaje
para
el lector

Quiero que las primeras palabras
del libro que leas traten de ti.
Desconozco dónde o en qué
momento las estás leyendo.
Quizás hayas comprado el libro
en una librería o quizás te lo hayan
regalado. Sea como sea, tengo
algo muy importante que decirte:
tanto si eres un jardinero experto
y tu objetivo es añadir más plantas
sensoriales y culinarias a tu espacio
de cultivo como si eres un recién
llegado al maravilloso mundo de
las plantas y estás dando tus
primeros pasos... ¡adelante! Te
prometo que no te arrepentirás.

Avanza página a página. Te explicaré
por qué cultivar plantas y activar
los sentidos con maravillosas
hierbas aromáticas culinarias
es tan importante. Y espero
inspirarte y que lo hagas.

Introducción

Dicen que los primeros pasos son siempre los más difíciles.
Y eso es precisamente lo que sentí cuando empecé a escribir
este libro. Temía no ser capaz de hacer justicia a un tema
que me apasiona de verdad. El temor me abrumaba.

Quizás, tú también te sientas abrumado al pensar en adoptar el
cultivo de plantas como estilo de vida. Quizás tengas dudas, temores
e inseguridades. Quizás te preocupe no ser buen jardinero y matar todo
lo que plantes. Espero sinceramente que este libro te dé la seguridad
y la inspiración necesarias para dar vida a tu entorno personal.

Este no es un libro de jardinería al uso. Es un libro de imaginación
y de inspiración, con algunos consejos prácticos repartidos
generosamente a lo largo de las páginas. Y es un libro que
puedes disfrutar a múltiples niveles, tanto si eres un jardinero
experto como un principiante que anhela sentir la alegría
de cultivar plantas y hacerles un espacio en su vida.

En esencia, este libro es una carta de amor a las hierbas aromáticas,
esas plantas extraordinarias que poseen la mágica capacidad de
transformar platos, activar los sentidos, elevar el estado de ánimo
y embellecer el espacio. Las hierbas aromáticas constituyen un punto
de entrada muy atractivo a la alegría de cultivar. Son accesibles
para todos nosotros, de un modo individual y único, y nos unen
en el disfrute de sus aromas y en las posibilidades que ofrecen.

Por qué es tan importante
cultivar nuestros propios sabores

Cultivar, conectar con las estaciones y permitir que la
naturaleza entre en nuestras vidas es de suma importancia.
Muchísimas personas de todo el mundo se están empezando
a dar cuenta de ello. Este libro se escribió durante un periodo
de distanciamiento social y de confinamientos; un periodo
durante el que la importancia de mantener la conexión con
otros seres vivos se hizo muy real para muchas personas.

<u>Cinco</u> razones para cultivar plantas sensoriales, bonitas, aromáticas y culinarias

Primera

Cultivar sabores vivos es fantástico para la salud física

Lo sé por experiencia.

Resulta que las plantas no nos dejan tener «días de sofá» para no hacer nada. No nos permiten olvidar la afición a la jardinería como olvidamos que hemos pagado la cuota anual del gimnasio. Cultivar plantas es un estilo de vida que exige un ejercicio físico suave, pero regular, a diario. Tengo un pequeño negocio en el que cultivo y almaceno miles de macetas de hierbas aromáticas, así que he llevado la afición al extremo. En los meses de primavera y de verano, pierdo el peso que haya podido ganar durante los meses de invierno. A veces me noto cansado, pero siempre me siento satisfecho y «bien».

El ritmo natural del cultivo tiene algo increíblemente reconfortante y relajante; la sencillez de plantar, regar y podar. Son tareas físicas que cambian y evolucionan a lo largo de la temporada de cultivo y que nos mantienen activos; sembrar en los fríos días del comienzo de la primavera, plantar los brotes en macetas y luego en la tierra, para finalmente admirar el resultado del trabajo mientras regamos a diario en verano.

Los beneficios físicos de cultivar nuestras propias hierbas aromáticas no acaban cuando salimos del espacio de cultivo, huerto o jardín. Luego, anhelamos usar los ingredientes y aromas frescos en la cocina, para experimentar con nuevos y apasionantes sabores a plantas.

Segunda   Cultivar tus propios sabores es fantástico para la salud mental

Es posible que esta sea la razón más importante para cultivar nuestros propios sabores. La relación con el cultivo es fantástica para la salud física y para la salud mental. Y también esto lo sé por experiencia.

Forjar una relación con el cultivo de plantas fomenta la conexión con el mundo que nos rodea. Nos conecta con las estaciones, de las que cada vez vivimos más alejados. Podemos comprar fruta y verdura importada los doce meses del año, mientras que la mayoría de las personas vivimos en hogares con calefacción, luz artificial y aislamiento en las paredes que nos protegen de las variaciones estacionales en la temperatura y en la luz.

Sin embargo, los adictos al cultivo de plantas estamos obligados a celebrar y a conectar con el cambio de las estaciones, que ya no es algo que debamos temer o, aún peor, algo que sucede sin que nos demos cuenta. Es un cambio suave que disfrutamos a medida que el tiempo se vuelve más cálido o fresco y a medida que las hojas brotan y florecen antes de ofrecernos un último espectáculo de color en otoño. El frescor sobre la piel a principios de primavera me recuerda que el buen tiempo está al caer y el aire cálido y húmedo del verano es como un imán que me arrastra al exterior, hacia mi espacio de cultivo.

El calendario de cultivo está repleto de pequeñas alegrías. Estoy seguro de que todos tenemos un momento preferido. El primer cielo azul en primavera, cuando nos damos cuenta de que los brotes han hecho su aparición. Parece que hace demasiado frío para que puedan salir, pero ahí están. Es inspirador. Ya no temo al comienzo de otoño. En realidad, anhelo esas mañanas de finales de septiembre, cuando puedo trabajar y sentir el mágico frescor en el aire del amanecer.

Cultivar nos ayuda a echar raíces y tiene una capacidad asombrosa para desconectarnos de las preocupaciones del día. Doy las gracias por ello.

<u>Tercera</u>

Cultivar tus propios sabores es fantástico para la salud del planeta

Y lo es por muchos motivos. Cuando plantamos una macetita de estragón junto a la puerta de la cocina y cosechamos unas hojitas para añadirlas a la cena, usamos un ingrediente de cercanía. Usamos un ingrediente fresquísimo, cosechado hace solo unos segundos. También eliminamos por completo la necesidad de envasado.

Al cultivar nuestros propios sabores, tomamos las riendas de la producción, distribución y comercialización de nuestros ingredientes. Sí, es una responsabilidad, pero viene acompañada de una gran oportunidad. Muchas personas tienen en cuenta ahora el origen y la ética de sus alimentos. Cuando cultivamos nuestra propia comida, asumimos la responsabilidad sobre el sustrato que usamos y sobre la sostenibilidad del recipiente y podemos tomar la decisión consciente de no usar sustancias químicas. Llevamos las riendas y controlamos los aromas y los alimentos que comemos.

Plantar fuentes ricas en polen como la camomila, el hisopo o maravillosos setos de lavanda es invitar a la vida silvestre a nuestro espacio. Me encanta ver a las abejas afanarse en las mañanas de verano, libando de fantásticas plantas con flor. Es un recordatorio vivo de que compartimos el entorno con el ecosistema local. ¿Qué hay más mágico que eso?

Cuarta

Cultivar tus propios sabores es fantástico para tu bolsillo

Es posible que la mayoría de los lectores del libro sean jardineros. Quien escribe ciertamente lo es. Sí, dirijo un negocio de venta y cultivo de plantas aromáticas, pero en mi vida personal soy jardinero. He trabajado durante largas jornadas en mercados ajetreados para luego llegar a casa, impaciente por regar mi huerto, comprobar que las patatas van bien y ver cómo han crecido las cebollas. Es una afición maravillosa que me aporta todos los beneficios para la salud y el medio ambiente que acabo de mencionar.

Sin embargo, no me ahorra dinero. Es una afición. Sé que, si quiero, puedo ir al supermercado para comprar un saco de patatas enorme por unas pocas monedas y que eso me ahorraría las horas de trabajo, de cavar, regar, compactar y cosechar que invierto en las patatas caseras.

Entonces, ¿qué has de cultivar si quieres ahorrar dinero?

Cultiva cosas caras en cantidades pequeñas.

Cualquiera lo puede hacer; tú también, incluso si solo dispones de un alféizar. ¿Alguna vez has ido al supermercado porque querías un poquito de estragón o de perifollo para una receta? Es una de esas cosas que nunca tenemos en la despensa. Comprar un paquetito de estas hierbas aromáticas frescas cuesta entre 1 y 2 libras, en Reino Unido. Y, compra a compra, el gasto se acumula.

Sin embargo, si compras una macetita de estragón, pagarás unas cuantas libras y podrás usar esa planta un par o tres de veces, con lo que ya ahorrarás algo de dinero. Si trasplantas el estragón a una maceta más grande, lo cultivas y lo usas diez veces durante esa temporada, ahorrarás mucho dinero. Para cuando hayas llenado la terraza con ingredientes relativamente caros, como estragón, perifollo, albahaca tailandesa o cilantro vietnamita, no solo te encontrarás mejor y ayudarás al medio ambiente, sino que también lo notará tu bolsillo.

Quinta   Cultivar tus propios sabores es muy divertido

Esta es la razón más importante de todas. Y es la que espero que tengas siempre presente mientras lees el libro.

Cultivar tus propias plantas es MUY divertido.

Es importantísimo que no lo olvides nunca. A veces, es fácil quedar atrapado en nombres en latín y en consejos de expertos y olvidar que cultivar plantas es muy divertido. En ocasiones, me tengo que recordar que cultivo y vendo una planta que se llama salvia de hojas pequeñas, que huele a grosella y que se usa en cócteles. ¿No te parece increíble?

Esta es la razón por la que hago lo que hago. Y por la que he escrito este libro. Y es también la razón por la que siento PASIÓN por compartir y promover la maravillosa variedad de hierbas aromáticas que cultivo a lo largo del año.

Tienes las herramientas: cómo traducir el lenguaje del cultivo

Este libro está repleto de proyectos tan emocionantes como accesibles y prácticos: está concebido para inspirar y para hacer disfrutar tanto a los jardineros principiantes como a los más expertos.

Me gustaría comenzar por darte las herramientas y las habilidades de cultivo básicas que necesitarás para disfrutar creando tus propios proyectos. No es necesario que tengas conocimientos ni experiencia previa y tampoco asumimos que los tengas.

Cuando empecé a explorar el cultivo de mis propias hierbas y emprendí mi aventura personal con el cultivo, lo hice sin la menor experiencia formal ni formación en horticultura. El propósito de los primeros capítulos del libro es desmitificar y traducir el lenguaje que encontrarás en las etiquetas y las guías de cuidado que acompañan a todas las plantas.

Cuestiones básicas

Entender las plantas: su naturaleza

Cada una de las plantas que mencionamos en los proyectos que encontrarás a continuación es distinta, con sus cualidades y peculiaridades específicas y maravillosas. Sin embargo, hay etiquetas generales que se pueden aplicar a grupos de plantas y que explican cómo hay que tratarlas en su espacio de cultivo.

Es importante entender la naturaleza de la planta y trabajar con ella. Existen plantas que pierden las hojas en invierno, mientras que otras serán una presencia permanente en tu espacio de cultivo. Hay plantas como fuegos artificiales en el jardín y que aportan explosiones de color y de sabor antes de desaparecer para siempre. Empecemos con algunas definiciones.

Anuales

Son las estrellas invitadas. Aportan destellos de color y de aromas al espacio de cultivo, pero solo duran una estación. Merece la pena recordar que algunas plantas anuales se autorreproducen y vuelven a crecer cada año a partir de las semillas producidas por la planta original, que dan lugar a otras plantas. Algunas anuales se autorreproducen con entusiasmo y, si no se controlan, pueden acabar invadiendo todo el espacio.

Perennes

Básicamente, crecen de año en año y se pueden utilizar para aportar estructura al espacio de cultivo. Ofrecen un elemento estable alrededor del cual se puede plantar el resto de las plantas anuales.

Caducas

Este adjetivo describe a plantas que pierden las hojas en un momento concreto del año. En climas como el del Reino Unido, por ejemplo, las plantas caducas pierden las hojas en otoño y «desaparecen» como presencia en el espacio de cultivo durante los meses más fríos antes de regresar en verano.

Siempreverdes

Son plantas que conservan todas sus hojas durante todo el año y serán una presencia constante en tu espacio de cultivo, incluso durante los meses más fríos del año. Por eso, se pueden usar como elemento arquitectónico, para añadir estructura y presencia sólida al espacio de cultivo.

Entender las plantas: qué <u>necesitan</u>

¡Ojalá nos pudieran hablar directamente para decirnos qué necesitan! Cada planta tiene sus necesidades específicas y condiciones ideales que les permiten prosperar. Este apartado te ayudará a entender y a tener en cuenta las necesidades de cada una de tus plantas.

La resistencia de las plantas

Muchas etiquetas incluyen una indicación de lo resistente que es la planta, es decir, de su capacidad para tolerar condiciones climáticas duras o frías si queda expuesta sin protección o cuidados especiales. Los grados de tolerancia varían: por ejemplo, una planta etiquetada como de «tolerancia media» podría tener problemas en condiciones climáticas muy frías.

Cuando se compran hierbas aromáticas en una tienda, también es muy importante saber si se las ha «aclimatado». Con ello, nos referimos a un proceso por el que se aclimata a plantas muy jóvenes a condiciones frías exponiéndolas gradualmente al exterior. Por ejemplo, se puede empezar trasladando hierbas aromáticas cultivadas en interior a un invernadero frío y luego a un vivero, idealmente bien ventilado. También se las puede aclimatar gradualmente dejándolas en el exterior durante el día y devolviéndolas al invernadero por la noche, antes de que la temperatura caiga.

Sol y sombra

Es muy importante conocer las necesidades de luz de cada planta. Algunas prefieren estar al sol y les encanta estar bajo la luz directa, otras toleran la sombra parcial o la luz indirecta y otras prosperarán en zonas en plena sombra.

Sin embargo, ¿qué significan esos términos? Las plantas que piden luz directa prefieren contar con, al menos, seis horas de luz diarias. Las que requieren una sombra parcial pedirán entre tres y seis horas diarias. Y las plantas que prefieren la sombra crecerán muy bien sin apenas luz directa.

Fíjate bien en cómo cambian las condiciones de sol en tu espacio de cultivo a lo largo del día y en función de la estación del año. Es posible que algunas zonas queden muy a la sombra a algunas horas del día, ya sea por edificios próximos o muebles de jardín, por ejemplo.

Altura

Crecimiento

La mayoría de hierbas aromáticas son plantas bajas y compactas, pero es importante recordar que algunas variedades crecen hasta alcanzar alturas superiores que otras. Algunas de las variedades que aparecen en el libro, como el tomillo rastrero o el romero colgante, crecen relativamente pegadas al suelo, mientras que el tomillo limonero variegado, puede alcanzar hasta los 40 cm (16 in) de altura. Si estas variedades se plantan juntas, hay que tener en cuenta la estética de estas diferencias de estatura. Hay algunas variedades de lavanda y de romero que superan los 100 cm (40 in) de altura, por lo que si tu espacio de cultivo es limitado, quizás sea buena idea elegir variedades que no crezcan tanto.

Algunas plantas crecen con entusiasmo y desparpajo, mientras que otras son muy «educadas» y crecen poco a poco hasta llenar el espacio que se les haya concedido. Otras se extienden agresivamente y, si no se las controla, invadirán el espacio de sus vecinas.

Un buen ejemplo de ello es la menta, que se extiende agresiva e invasoramente. Si tu espacio de cultivo es limitado, mantenla dentro de su propia jardinera.

Tipo de tierra/ sustrato

Al final, las plantas crecen más o menos en función de la tierra donde se las haya plantado. Es lo que también conocemos como sustrato. Si vas a plantar en un contenedor, como una maceta, podrás controlar la composición del sustrato. Si vas a plantar en el suelo, deberás tener en cuenta el tipo de tierra de que se trate. Verás que puede variar drásticamente, desde la pesada tierra arcillosa hasta tierra arenosa que deja pasar el agua. Hay tierras más ácidas y tierras más alcalinas. La mayoría de las plantas prefieren tierras neutras, aunque algunas prefieren condiciones más ácidas o alcalinas. Se venden kits que permiten analizar la acidez relativa del suelo.

De hecho, hay muchas herramientas y métodos que permiten analizar, entender y mejorar la tierra del espacio de cultivo. Por lo tanto, puedes seleccionar las plantas en función de las condiciones locales o mejorar la tierra añadiendo material adicional. Por ejemplo, le puedes añadir materiales orgánicos, como compost o hierba cortada muy descompuesta, para aportar nutrientes adicionales y aumentar la retención del agua, mientras que añadir grava al sustrato mejora el drenaje.

Drenaje

Poda

El drenaje es absolutamente crucial para el éxito de muchas de las plantas que mencionamos en el libro. Algunas disfrutan de la humedad, mientras que otras tendrán problemas con ella. Por ejemplo, el romero y la lavanda prefieren un sustrato que drene muy bien, por lo que mejorar el drenaje añadiéndole grava las ayudará a crecer.

Podar las plantas es vital para estimular el crecimiento sano y positivo de estas. Con los años, he descubierto que muchos jardineros afrontan la poda con nerviosismo, y los entiendo muy bien. Las plantas que cultivamos son como bebés a los que hemos cuidado desde antes de que nacieran. Estamos orgullosos del crecimiento y de la nueva vida que hemos creado, por lo que cortarla parece contraintuitivo, duro y perjudicial. Sin embargo, en realidad lo necesitan para seguir creciendo. Las plantas crecen con más fuerza después de la poda y, a largo plazo, previene que sean todo tronco, desnudas de hojas y muy leñosas.

Los consejos de poda dependen de la variedad de la planta y de la edad que tenga. Como norma general, es buena idea podar el tercio superior de la planta durante la época de cultivo.

Cultivar en recipientes

Muchos de los proyectos del libro implican plantar en recipientes. Es una manera fantástica de cultivar plantas, sobre todo si el espacio es limitado.

Cultivar plantas en recipientes ofrece muchas ventajas. Si se usan correctamente, pueden ofrecer el hábitat perfecto para que la planta crezca, porque permiten adaptar las condiciones para satisfacer a la perfección las necesidades de la planta. Antes de plantar en recipientes, es muy importante dedicar unos instantes a reflexionar acerca de algunas cuestiones.

Drenaje

Aunque algunas plantas disfrutan de condiciones que retienen la humedad, la mayoría de las que aparecen en el libro prefieren un buen drenaje. Por lo tanto, a la hora de elegir un recipiente, es importante asegurarse de que tenga agujeros de drenaje. Si la maceta no los tiene, se llenará de agua poco a poco y dará lugar a condiciones pantanosas que pondrán en dificultades a muchas hierbas aromáticas. Esto es especialmente importante cuando se trata de macetas o jardineras de exterior que quedan expuestas a los elementos, porque los agujeros de drenaje permitirán drenar el exceso de agua de lluvia. Añadir grava al sustrato facilitará aún más este proceso y reducirá el riesgo de problemas como la podredumbre de la raíz, que aparecen cuando el recipiente se encharca.

La cuestión del drenaje de los recipientes es especialmente importante si se cultiva en el exterior y en condiciones frías. Muchas hierbas resistentes tendrán problemas en invierno si están en condiciones húmedas durante los fríos y grises días de la estación. Los pies para macetas permiten elevar la maceta del suelo, lo que facilita aún más el drenaje.

Muchos de los proyectos del libro son adecuados para el cultivo en interiores/alféizares. En este caso, los agujeros de drenaje en el recipiente pueden hacer que el agua caiga sobre el alféizar o una alfombra. Coloca las macetas con agujero de drenaje sobre platos o tapas recicladas, que actuarán como un receptáculo para el agua sobrante. Además, son muy útiles para comprobar la cantidad de agua que sale de la planta.

Tamaño del recipiente

A la hora de plantar en un recipiente, hay que tener en cuenta el tamaño de este. Piensa en la velocidad de crecimiento de la planta y en lo rápidamente que llegará a ser demasiado grande para la maceta o jardinera. Si vas a plantar varias plantas juntas, piensa en si alguna crecerá muy rápido y acabará compitiendo con sus vecinas por el espacio. Es buena idea elegir el recipiente más grande posible, pero con cuidado de no anegar a plantas muy jóvenes en una maceta enorme. Siempre se puede aumentar gradualmente el tamaño del recipiente en el que la planta o plantas viven cada año.

Agrupar según las condiciones

Si vas a plantar distintas variedades en un mismo recipiente, agrupa plantas que necesiten condiciones similares. Así te será mucho más fácil cuidar de ellas. Por ejemplo, agrupa plantas que prefieran un buen drenaje o que compartan las mismas necesidades de luz.

Plantar en un recipiente: paso a paso

Uno

Encuentra un recipiente adecuado del tamaño correcto para la planta o combinación de plantas que quieras cultivar. Ten en cuenta también dónde lo colocarás.

Dos

Llena la base del recipiente con el sustrato que hayas elegido y deja espacio para la altura de las plantas nuevas que vas a plantar.

Tres

Extrae con cuidado las plantas nuevas de la maceta o semillero en el que estén ahora. Tapa suavemente con la mano la parte superior de la maceta, pon la planta boca abajo y, con cuidado y despacio, extrae el cepellón. Si la planta está muy anclada en el recipiente antiguo, aplica una presión suave sobre los laterales del recipiente. Evita dañar el tallo en crecimiento: no tires de la planta desde el tallo.

Cuatro

Coloca el cepellón en la posición deseada en el recipiente nuevo. La parte superior del cepellón, que descansa sobre el sustrato depositado con anterioridad, debería estar aproximadamente al nivel del borde superior del recipiente.

Cinco

Si vas a plantar varias plantas en el mismo recipiente, añádelas ahora. Es una oportunidad fantástica para ver el aspecto final que tendrán y para pensar en cómo las hojas de cada una complementan a sus vecinas.

Seis

Añade más sustrato alrededor de los bordes de cada cepellón y rellena poco a poco los huecos del recipiente.

Siete

Por último, riega la planta y disfruta viéndola crecer y extenderse.

Cultivos de interior

Muchos de los proyectos del libro funcionan bien tanto en interiores como en el exterior. Hay muchísimas hierbas que son felices en situaciones de interior. Muchos de los principios y consejos aplicables al cultivo de plantas en exterior son aplicables también al cultivo en interiores. Sin embargo, hay consejos específicos que te permitirán aumentar la productividad de tus cultivos de interior.

Regar las plantas de interior

Todas las plantas necesitan agua para crecer y las plantas de interior no son una excepción, porque se pueden secar rápidamente en un alféizar cálido y soleado. Sin embargo, también es importante asegurarse de no regarlas en exceso, así que intenta regarlas con poca frecuencia y despacio, para evitar que las macetas se desborden o se encharquen. El exceso de agua también crea condiciones favorables para plagas, hongos y mildiu.

Asegúrate de que las macetas tengan agujero de drenaje y deposítalas sobre un plato. Así sabrás cuánta agua les queda a las plantas o si las estás regando en exceso.

Luz para las plantas de interior

Como la luz del sol les proporciona combustible, es importante entender cuánta luz pueden disfrutar tus plantas y cómo fluctúa a lo largo del día y de la temporada de cultivo. En el hemisferio norte, las ventanas orientadas al sur recibirán la luz más directa, mientras que las ventanas orientadas hacia el sur recibirán menos luz directa.

Es fundamental tener en cuenta y entender cómo fluctúa la luz a lo largo del año, además de las condiciones locales o los obstáculos que pueden influir en el nivel de luz. Por ejemplo, los árboles o los edificios altos la taparán. El ritmo de crecimiento y, en última instancia, la productividad de tu espacio de cultivo, dependerán del nivel de luz.

	Luz máxima			Luz mínima
Hemisferio norte	ORIENTACIÓN SUR	ORIENTACIÓN OESTE	ORIENTACIÓN ESTE	ORIENTACIÓN NORTE
Hemisferio sur	ORIENTACIÓN NORTE	ORIENTACIÓN ESTE	ORIENTACIÓN OESTE	ORIENTACIÓN SUR

Optimizar y organizar un espacio de cultivo hermoso

La relación entre el calor y la luz rige la productividad y la tasa de crecimiento de las plantas. Cuando cultives en interiores, equilibra estos dos factores para crear un espacio de cultivo maravilloso.

Para optimizar el espacio de cultivo, controla la temperatura y crea un entorno algo más cálido en invierno. También puedes controlar el riego y proporcionar a las plantas la cantidad de agua ideal para promover un crecimiento saludable.

Si cultivas plantas en un lugar alejado del ecuador, el nivel de luz fluctuará y se desplomará en invierno. Es importante que te asegures de que las plantas reciban la máxima cantidad posible de luz natural, por lo que es vital que las sitúes en el alféizar más soleado de que dispongas. Sin embargo, es posible que eso no sea suficiente durante los breves días de invierno. Muchas de las hierbas que mencionamos en el libro necesitan al menos 6-8 horas de luz solar directa cada día.

Puedes usar iluminación artificial de espectro completo, o «luces de crecimiento» para aumentar la cantidad de luz que reciben tus plantas. Han de ser de espectro completo para garantizar que ofrezcan tanto la luz azul que necesitan las hojas como la luz roja necesaria para la floración. Hay muchos tipos de luces de crecimiento disponibles en el mercado, desde sencillas bombillas a configuraciones plenamente integradas. Recomiendo encarecidamente el uso de luces LED, no halógenas, porque son mucho más eficientes energéticamente y más baratas.

Un último apunte: piensa en la estética de usar estas luces en interiores. Hace años, usé luces de crecimiento de espectro azul para impulsar la tasa de crecimiento de una pimentera joven y nuestra pequeña casa rural parecía una discoteca.

Acordarse de cosechar las plantas de interior

Al igual que sucede con sus primas de exterior, es muy importante estimular el crecimiento productivo de las plantas de interior podándolas y cosechándolas con regularidad. Además, así evitarás que desarrollen largos tallos leñosos y sin hojas. En el caso de muchas hierbas, es buena idea podar con regularidad el tercio superior de la planta, como si las lleváramos a la peluquería.

La circulación del aire

La circulación del aire es crucial para el cultivo de plantas de interior, así que deja espacio entre las plantas. Lo puedes conseguir físicamente, separando las macetas, pero también podando hojas para abrir ese espacio.

Garantizar este entorno sano con un flujo de aire positivo reduce las probabilidades de problemas como plagas y enfermedades.

Trasplantar las plantas de interior

Las plantas no seguirán en la misma maceta para siempre y eso es muy buena noticia. Quieres que las plantas crezcan, proliferen y superen su espacio original. Te darás cuenta de cuándo las plantas de interior necesitan una maceta más grande porque las raíces habrán llenado todo el espacio y empezarán a salir por el agujero de drenaje. Trasplantar la planta a una maceta más grande con sustrato fresco aumentará su productividad y la ayudará a seguir creciendo sana y fuerte.

Sencillez

No te compliques la vida y agrupa plantas con necesidades similares. Así, cuidarlas será mucho más sencillo. Si vas a plantar variedades distintas en un mismo recipiente, asegúrate de que todas tengan necesidades similares en lo que a luz y agua se refiere. Si tienen necesidades distintas o tienden a ser invasivas en su hábitat de crecimiento, es mejor que las plantes por separado.

Superar las dificultades

La magia de las plantas es que son seres vivos. La planta que compras no es el artículo definitivo, sino que es un proyecto en construcción. Las plantas son maravillosas entidades orgánicas que cambian y evolucionan continuamente.

Las plantas pueden cambiar, como cualquier otro organismo vivo. Aprender a identificar los problemas, las condiciones ambientales que los promueven y cómo superarlos son habilidades clave que necesitarás en tu viaje junto a las plantas que cultives.

Las páginas siguientes enumeran algunos de los problemas habituales a los que debes prestar atención. No te dejes apabullar ni intimidar por la lista. La mayoría de los problemas se pueden evitar o superar.

Moscas del mantillo

Son mosquitas que verás saltando sobre la superficie del sustrato. Las adultas son más feas que perjudiciales, pero las larvas pueden dañar a las plantas jóvenes. Las trampas adhesivas pueden reducir la cantidad de larvas, como también el uso de hambrientos nematodos depredadores. Los nematodos son criaturas diminutas que actúan como parásitos de otros insectos. En internet, puedes comprar nematodos específicos para distintas plagas. En el caso de las moscas del mantillo, los nematodos reducen la cantidad de larvas en el sustrato.

Plagas

Pulgones

Los pulgones, o áfidos, son unos bichitos que chupan la savia de las plantas. Existen varias maneras de combatirlos: rociar las plantas afectadas con aceite de neem es una manera fantástica de reducir el número de estos molestos visitantes, mientras que la inspección y retirada manual es una solución muy eficaz.

Arañas rojas

Son ácaros diminutos que se alimentan de la savia de las plantas. Proliferan en condiciones cálidas y secas, como invernaderos calientes y secos. Mantener un buen nivel de higiene en el espacio de cultivo reducirá el riesgo de aparición de arañas rojas. Si hay un brote, lo puedes controlar con jabón potásico para plantas.

Trips

Son bichos pequeños que se ocultan en el dorso de las hojas de las plantas. Se pueden combatir mediante una inspección regular para detectar posibles infestaciones, sin embargo, hay que estar atento y detectarlos pronto. Las trampas adhesivas pueden resultar útiles, como también lo son los nematodos, que son depredadores naturales de esta plaga. Recortar las áreas afectadas de la planta también ayudará a reducir los daños.

Babosas

Estas criaturas son el azote de muchos amantes del cultivo y es importante ser proactivos a la hora de comprobar los posibles daños causados por babosas. Hacer inspecciones periódicas (sobre todo después de las lluvias vespertinas en primavera) y retirarlas del área de cultivo es muy buena idea. También puedes acoger depredadores naturales de las babosas, como las ranas o los erizos. Nosotros tenemos la suerte de contar con una familia de ranas en nuestros túneles de cultivo y se ocupan de las patrullas nocturnas por nosotros.

Demasiados nutrientes

Si usas demasiado fertilizante o uno demasiado potente, puedes perjudicar a las plantas y, quizás, quemar las hojas e incluso las raíces. Las raíces quemadas no pueden absorber nutrientes y la planta morirá.

Lo evitarás si sigues cuidadosamente las instrucciones de tu fertilizante concentrado respecto a las proporciones de disolución.

Por obvio que pueda parecer, cuando tenía veinte años usé un fertilizante concentrado en los pepinos. No leí bien la etiqueta y las consecuencias fueron trágicas. ¡Todos nos equivocamos!

Otros problemas

Falta de nutrientes

Busca señales de que tu planta sufre por falta de nutrientes, como hojas decoloradas o amarillentas.

Lo puedes resolver con solo proporcionarles el fertilizante líquido que necesiten.

Mildiu

El mildiu puede proliferar en condiciones húmedas alrededor de la base de una planta. Para prevenirlo, asegúrate de que el aire circule y garantiza la buena ventilación del espacio de cultivo. Evita regar en exceso y practica una buena higiene. Retira las hojas muertas tan rápidamente como te sea posible.

Plantas atrapadas en la maceta

Decimos que una planta está atrapada en la maceta cuando la ocupa por completo. Lo verás, porque las raíces empezarán a salir por el agujero de drenaje. Eso es señal de que la planta necesita que la trasplantes. La puedes pasar a una maceta más grande o, en el caso de las hierbas aromáticas, las puedes dividir separando con cuidado el cepellón. De este modo, tendrás una planta adicional que cultivar o que regalar a tus amigos.

Hierbas aromáticas leñosas / sin hojas

Tras periodos prolongados de crecimiento positivo, es posible que, alguna vez, te des cuenta de que la parte inferior de los tallos de la planta empieza a parecer madera. El crecimiento blando y productivo en la parte superior de la planta decaerá. Para prevenirlo, poda con regularidad el tercio superior de las plantas. Así, estimularás el crecimiento nuevo y positivo y mantendrás las plantas frescas y vibrantes durante más tiempo. Si usas las hierbas aromáticas intensivamente, tendrán una esperanza de vida productiva y útil de varios años de duración.

Los
proyectos

El bufé de las abejas

Nivel
de dificultad

Se trata de un proyecto muy sencillo con el que disfrutarás mucho. Tardarás aproximadamente una hora en terminarlo y en ofrecer a las abejas locales una larga estación de plantas interesantes.

¿Qué necesitarás?

+ Jardinera con forma de abrevadero
+ Taladro *Opcional
+ Sustrato universal
+ Sustrato de grava *Opcional
+ Hierbas aromáticas en macetas de 9 cm (3½ in)

Plantas sugeridas para este proyecto

+ Cebollino
+ Hisopo
+ Tomillo rastrero

Las abejas desempeñan
un papel imprescindible
en el entorno natural.
Son un eslabón crucial en
el proceso de la producción
de alimentos, porque polinizan
cultivos y ayudan a mantener
el ecosistema en equilibrio.

Las abejas necesitan nuestra ayuda, porque
cada vez tienen más dificultades para acceder
a su alimento: el polen. Y el problema es
especialmente grave en las zonas urbanas.

Este proyecto está dedicado a las abejas que
viven cerca de ti. Es un regalo con el que les
proporcionarás fuentes de polen durante toda la
temporada de cultivo; un bufé para que se den un
festín. Claro que tú también saldrás beneficiado:
conseguirás una jardinera de aspecto fantástico
y que te ofrecerá fragancia, belleza y sabor.

Yo también he plantado un bufé para abejas
en una jardinera. El material que decidas usar
puede ser un reflejo de tu entorno, de tu estilo
o de tu presupuesto. Las jardineras metálicas
tienen un aspecto más moderno, mientras que
las de plástico pesan menos, son más fáciles
de mover y también más económicas. Las
jardineras con forma de abrevadero encajan
en espacios pequeños y son de fácil acceso.

01

Ubica la jardinera del bufé para abejas en un lugar soleado, porque todas las hierbas aromáticas que plantarás necesitan luz directa.

02

Asegúrate de que la jardinera drene bien. Si no tiene agujeros de drenaje, taladra cuidadosamente la base en varios puntos, para garantizar que el agua pueda abandonar la jardinera.

Opcional: mezcla un puñado de sustrato de grava en el sustrato universal.

03

Añade sustrato universal a la jardinera hasta que solo quede un poco más que la profundidad de los cepellones de las plantas.

04

Extrae cuidadosamente las plantas de las macetas y, si es necesario, trabaja las raíces para extraerlas.

05

Coloca las plantas en las posiciones aproximadas en que las plantarás y presta atención a las necesidades de espacio de cada una (la etiqueta las debería especificar). Piensa en el color de las flores de cada variedad y disponlas de un modo que te haga sonreír.

06

Rellena cuidadosamente con el resto del sustrato el espacio alrededor de las plantas. Compáctalo en la base de las plantas, para que queden en la posición adecuada.

07

Riega el bufé para las abejas una vez hayas colocado todas las plantas.

08

Espera a que las plantas florezcan y observa a las abejas afanarse a su alrededor.

Cuidar del bufé
de las abejas

+ Acuérdate siempre
de regar el bufé de las
abejas durante las rachas
de días calurosos.

+ Cuando se cultivan hierbas
aromáticas, es habitual leer que hay
que podarlas para evitar que la planta
florezca y desvíe energía a las flores.
Sin embargo, el propósito del bufé
para las abejas es generar tantas
flores como sea posible, así que deja
que tus hierbas aromáticas echen flor.

+ Cuando las flores se
marchiten, retíralas, para
estimular el crecimiento
de flores nuevas.

+ Las plantas del bufé de las abejas
se han elegido para que ofrezcan
flores durante toda la estación
de cultivo. El cebollino florecerá
a principios de primavera y
ofrecerá una primera tanda del
ansiado polen. El tomillo trepador
florecerá a principios de verano
y el hisopo ofrecerá su polen a
finales de la estación estival.

+ Cuando el bufé de las abejas se empiece a apagar
antes de los meses más fríos, prueba a añadir
flores de temporada, para sumar interés
a la jardinera y ofrecer polen a las valientes abejas
que se aventuren a volar en los meses más fríos.

Las plantas

Primavera

Cebollino

Es uno de los condimentos preferidos en mi cocina y aporta un delicioso aroma a cebolla que encaja a la perfección con los salteados. Acostumbra a ser de las primeras hierbas en resurgir del suelo en primavera y ofrece unas bellísimas flores rosas que las abejas pueden disfrutar durante la primera parte de la temporada, cuando otras fuentes de polen quizás escaseen aún.

Mediados y final de verano

Hisopo

En mi opinión, el hisopo es una de las hierbas aromáticas más subestimadas. Tiene hojas fragantes y elegantes con un aroma a menta y sabor apimentado muy característicos. Además, produce unas flores maravillosas a mediados de verano y tiene un periodo de floración prolongado. Puedes encontrar hisopo de flores azules, blancas o rosas, así que usa la combinación que más te guste.

Principios de verano

Tomillo rastrero

Ver a las abejas ajetreadas con las flores de esta variedad es maravilloso. A principios de verano, las hojas del tomillo rastrero explotan en una bellísima profusión de flores que te encantarán y que la población local de abejas adorará.

Alternativas

Las descripciones de la página anterior corresponden a plantas que he usado en mi propio bufé de las abejas, aunque hay muchas otras opciones posibles si no encuentras las variedades específicas que he mencionado.

Podrías incluir muchas variedades de lavanda en este bufé, pero ten en cuenta que la lavanda puede crecer mucho en función de la variedad de que se trate. La lavanda intermedia es una variedad fantástica que produce flores blancas.

Hay muchas otras variedades de tomillo ideales para este bufé de las abejas: tomillo limón variegado, tomillo Caborn Wine and Roses y tomillo limón rastrero por nombrar solo tres.

La borraja también es un ejemplo fantástico de hierba aromática anual que podrías añadir a tu bufé para las abejas. Dicen por ahí que esta variedad queda a la perfección en la copa de Pimms.

Condimentos para pizza

Tardarás muy poco en terminar este fantástico proyecto. Es una manera muy sencilla de cultivar sabores maravillosos para tus pizzas caseras.

¿Qué
necesitarás?

+ Cuatro macetas con agujeros de drenaje
+ Sustrato universal
+ Sustrato de grava *Opcional
+ Cuatro hierbas aromáticas en macetas de 9 cm (3½ in)

Plantas
sugeridas
para este
proyecto

+ Orégano Hot & Spicy
+ Mejorana dulce
+ Romero BBQ
+ Tulsi (albahaca dulce)

Las cenas al aire libre son una experiencia mágica y, cuando hace buen tiempo, reúnen a familiares y a amigos alrededor de la mesa para compartir el amor por la comida sabrosa y la buena compañía.

Hay pocas cosas mejores que una pizza casera preparada con amor que permite disfrutar de los aromas a medida que el queso se funde, la masa se tuesta y las ganas de hincarle el diente son cada vez más intensas.

Este proyecto te enseñará a cultivar una despensa de ingredientes cerca del horno para pizzas y que podrás cosechar sin abandonar a tus invitados ni interrumpir la fiesta. ¿Y si les propones que cada uno elija y corte las hierbas con las que quiere condimentar su pizza?

Nota acerca de las plantas sugeridas

Las hierbas aromáticas de este proyecto son muy potentes y ofrecen varias opciones en el espectro culinario. Todas son de mantenimiento relativamente fácil y ofrecen un sabor tremendo.

01

Llena las macetas
elegidas con sustrato
universal y deja espacio
suficiente para los
cepellones de las plantas.

Opcional: mezcla un puñado
de sustrato de grava en
tu sustrato universal.

02

Extrae cuidadosamente
las plantas de las macetas
y colócalas en las
posiciones aproximadas
en que las plantarás.

03

Añade más sustrato
alrededor de cada planta
y llena la maceta hasta
la base de la planta, por
encima del cepellón.

04

Compacta
cuidadosamente el
sustrato en la base
de las plantas, para
que queden en la
posición adecuada.

05

Riega los futuros
condimentos para pizza
una vez hayas colocado
todas las plantas.

06

Espera a que las
plantas se hayan
asentado antes de
empezar a cosechar
ingredientes para
tus pizzas caseras.

Cuidar de tus condimentos para pizza

+ Cuando crezcan, poda el tercio superior de las plantas para estimular un crecimiento productivo y vibrante (en la p. 25 encontrarás consejos sobre la poda).

+ Riega las macetas de tus condimentos para pizza con regularidad durante los meses cálidos, porque se secarán rápidamente, sobre todo si están al sol.

+ Las plantas crecerán encantadas en estas macetas durante toda una temporada. Puedes trasplantar el romero BBQ, el orégano y la mejorana en macetas más grandes cuando la despensa para pizza se empiece a expandir. También las podrás cosechar en invierno. La albahaca dulce (tulsi) es una planta anual y la podrás disfrutar hasta que el tiempo empiece a refrescar en otoño.

Las
plantas

Orégano
Hot 'n' Spicy

Esta variedad combina el sabor
profundo y clásico del orégano con un
toque especiado sorprendentemente
potente que puede añadir un elemento
novedoso e interesante a una receta
clásica. Esta variedad de orégano
es ideal para quienes disfrutan de
la pizza con un poco de picante.

Tulsi

El tulsi, o albahaca dulce, es un
sabor clásico perfecto para la pizza.
Percibirás su delicioso aroma dulce en
cuanto añadas sus hojas troceadas a
la pizza. Es ideal para aportar un toque
de color a una margarita clásica.

Mejorana dulce

Soy de los que creen que comemos
por los ojos y, cuando tus huéspedes
y tú veáis las maravillosas hojas
de esta hierba atractiva, deliciosa
e intensamente aromática, se
convertirá en uno de los condimentos
más populares de tu despensa.

La mejorana es un «sabor de fondo»
ideal para añadir profundidad a las pizzas.
Sus tonos almizclados tienen la mágica
capacidad de condimentar toda la base
para pizza y prepararla para los sabores
más potentes de otros ingredientes.

Romero BBQ

Esta variedad de romero tiene
el maravilloso sabor clásico que
todos conocemos y adoramos, pero
con unas características notas
ahumadas, que percibirás cuando
lo piques para la pizza. Los sabores
ahumados me gustan muchísimo,
y esta variedad de romero encaja
a la perfección con el ajo o el pollo.

Alternativas

Las plantas sugeridas en este proyecto son mis preferidas para condimentar pizzas, pero las que uses deberían reflejar los gustos de tu paladar y del de tus invitados. También serán un reflejo de las plantas disponibles en tu región.

El romero clásico es una opción fantástica para cualquier jardín de condimentos para pizza, como también lo son la albahaca griega o el orégano clásico.

Jardinera de palés revitalizante

Este proyecto quizás requiera unos días y habilidades básicas de bricolaje, aunque lo puedes modificar en función de tus habilidades y del resultado deseado.

+ Un palé de madera que no uses
+ Taladro y tijeras
+ Tornillos de 40 mm (1⁹⁄₁₆ in)
+ Listones de madera
  de 19 mm × 38 mm (¾ in × 1½ in)
+ Barniz para maderas de exterior
+ Una bolsa de sustrato vacía
+ Sustrato universal
+ Sustrato de grava *Opcional
+ Hierbas aromáticas en
  macetas de 9 cm (3½ in)

Durante los últimos diez años, cultivar estas hierbas aromáticas tan sensoriales ha ejercido un efecto enormemente positivo sobre mi bienestar.

Pasar las manos entre el follaje de estas plantas frondosas y bellas tiene algo que me pone de buen humor. Si anticipo que el día será ajetreado, intento comenzarlo sentado junto a estas plantas con una infusión de menta en la mano.

Este proyecto te mostrará cómo crear una jardinera bonita y compacta que te ayude a recuperarte y a recargar las pilas. Será un espacio en el que conectar contigo y relajarte durante unos instantes y que deseo sinceramente que te ayude durante muchos años.

Plantas sugeridas para este proyecto

+ Tomillo rastrero

+ Tomillo limón rastrero

+ Tomillo limón variegado

+ Tomillo Caborn Wine and Roses

+ Menta de jengibre

+ Romero colgante

Nota acerca de las plantas sugeridas

Las variedades bajas de tomillo son perfectas para este proyecto. Necesitan un buen drenaje y un entorno seco, por lo que son una opción de bajo mantenimiento para esta jardinera.

01

Refuerza el palé clavando un listón de madera cortado a medida en la parte inferior de cada cajón para las macetas.

02

Si el palé ha de estar en el exterior, píntalo con barniz para madera de exteriores. Espera a que se seque del todo.

03

Forra cada uno de los cajones con recortes de la bolsa de sustrato universal. Córtalos a medida con unas tijeras y, luego, haz cortes pequeños para facilitar el drenaje. También puedes usar malla antihierbas para forrar los cajones.

04

Añade sustrato a cada cajón de la jardinera y deja espacio suficiente para la profundidad de tus plantas aromáticas.

Opcional: Mezcla un puñado de sustrato de grava con el sustrato original, para facilitar el drenaje.

05

Extrae las hierbas de las macetas y deposítalas en los cajones forrados que has preparado.

06

Añade más sustrato alrededor de cada planta, hasta que cubra el cepellón a ras.

07

Compacta con cuidado el sustrato alrededor de las plantas, para que queden bien colocadas, y riégalas con generosidad.

08

Detente unos instantes. Relájate y disfruta de tu nueva jardinera de palés revitalizante. Reserva tiempo a diario para cargar las pilas y disfrutar en este nuevo espacio.

Cuidar de tu jardinera de palés revitalizante

+ Cuando crezcan, poda el tercio superior de las plantas para promover un crecimiento productivo y vibrante (en la p. 25 encontrarás consejos sobre la poda).

+ Las hierbas de esta jardinera estarán cómodas en condiciones relativamente secas. Eso sí, cuando haga calor, riégalas con regularidad.

+ Las plantas de la jardinera revitalizante crecerán y se extenderán progresivamente. Si crecen demasiado, has de crear espacio, por ejemplo, retirando alguna y plantándola en macetas individuales, de modo que la jardinera se expanda, evolucione y crezca.

Las plantas

Tomillo rastrero

Esta variedad de romero compacta y resistente apenas necesitará atención en la jardinera y te proporcionará aroma, hojas bellísimas y una explosión de flores durante los meses de verano.

Tomillo limón rastrero

Las hojas bonitas y compactas de esta variedad baja de tomillo limón despiden deliciosos aromas cítricos y dulces que llevarán tu jardinera revitalizante a otro nivel. En verano, aparecerán delicadas flores rosas que colgarán del palé.

Tomillo Caborn Wine and Roses

Se trata de una variedad baja de tomillo que teje una alfombra de hojas fragantes, aromáticas y sabrosas. En los meses de verano produce preciosas flores de un rojo intenso y maravilloso que harán tanto tus delicias como las de las abejas locales.

Tomillo limón variegado

Esta fantástica variedad de tomillo limón con hojas variegadas doradas es muy bonita y tiene un intenso aroma cítrico y dulce. El aroma de esta planta me serena y me relaja al instante.

Menta de jengibre

Es una variedad de menta magnífica, con jugosas hojas verdes y variegadas con destellos dorados. Se extenderá, desbordará y colgará del palé. Me encanta usarla en las infusiones matutinas, a las que aporta revitalizantes notas cítricas.

Romero colgante

Esta variedad de romero no crece derecha, sino que se descuelga y se arrastra. Es perfecta para plantar en palés, porque es preciosa y huele de maravilla.

Alternativas

He usado y disfrutado mucho de todas las plantas que he presentado en este proyecto, porque son las que tengo en la jardinera revitalizante de mi casa. Puedes personalizar la tuya con las variedades disponibles en tu región o las que te aporten el mayor bienestar.

Las distintas variedades de menta quedarán perfectas en una jardinera de palés, además de ofrecer su aroma potente y maravilloso. El romero puede añadir altura e interés, además de flores bonitas, al nivel superior de la planta.

Jardín de aromáticos para cóctel

Proyecto fácil y divertido, se convertirá en un foco de atención de todas tus fiestas. Los invitados podrán oler, cosechar y disfrutar los ingredientes de su bello cóctel.

¿Qué necesitarás?

+ Cuatro maceteros sin agujero de drenaje
+ Cuatro macetas con agujero de drenaje
+ Sustrato universal
+ Hierbas aromáticas en macetas de 9 cm (3½ in)

Plantas sugeridas para este proyecto

+ Menta de limón
+ Menta de fresa
+ Salvia de hojas pequeñas
+ Serpol

Este proyecto demuestra que las hierbas pueden ser centros de mesa bonitos, aromáticos y contemporáneos para tu zona de copas. Tus invitados pueden cosechar estas fantásticas plantas y aromatizar con ellas sus bebidas. Por ejemplo, menta de limón para los mojitos o salvia de hojas pequeñas para la refrescante Pink Lemonade. Personaliza la experiencia y reduce los kilómetros que viaja tu comida a meros centímetros.

Nota acerca de las plantas sugeridas

He elegido todas estas variedades según mi experiencia de diez años trabajando con productores de bebidas en festivales gastronómicos. Te puedo asegurar que las he probado todas en múltiples cócteles y bebidas.

01

Dispón los maceteros
vacíos en una superficie
cómoda para trabajar.

02

Asegúrate de que las
macetas con agujero
de drenaje quepan
en los maceteros.

03

Empieza a llenar las
macetas con sustrato
universal y deja espacio
suficiente para el
cepellón de las plantas.

04

Extrae con cuidado
las plantas de sus
macetas originales y
pásalas a las macetas
que has preparado.

05

Una vez las hayas
colocado en las macetas,
añade sustrato universal
alrededor de cada
cepellón, hasta llegar
al borde de la maceta.

06

Mete en los maceteros
las macetas con
las plantas.

07

Riega las plantas para
que se asienten en
el sustrato, pero sin
excederte con el agua.
Podrás eliminar el
agua que se acumule
en los maceteros.

08

Reparte los maceteros
con los aromáticos
para cóctel por la zona
de copas e invita a tus
invitados a que las usen
y creen combinaciones
nuevas y emocionantes
para sus bebidas.

Cuidar de tu jardín de aromáticos para cóctel

+ Todas las hierbas de este proyecto son muy resistentes y vivirán encantadas en el exterior, pero siempre las puedes meter en casa para que se sumen a la fiesta.

+ No temas cortar las plantas: ¡te lo agradecerán! El proceso promoverá un crecimiento nuevo y saludable, además de proporcionarte más ingredientes para bebidas.

+ Las hierbas acabarán creciendo demasiado para las macetas. Cuando las raíces empiecen a salir por el agujero de drenaje, divide el cepellón y vuelve a plantarlo en macetas distintas (en la p. 43 descubrirás la mejor manera de hacerlo).

Las plantas

Serpol

El serpol es una variedad especialmente dulce de la familia del tomillo limón y encaja en gran variedad de cócteles. Esta hierba aromática te sorprenderá por lo dulce y deliciosa que es.

Menta de fresa

Es una de mis preferidas. Sin duda. ¡Sabe a fresa de verdad! Las hojas tienen un delicioso sabor afrutado que encaja a la perfección con los cócteles.

Menta de lima

Esta variedad de menta tiene un potente sabor a lima. De hecho, es tan potente que aún se percibe en las bebidas cargadas. Las hojas también son muy bonitas y tienen una cualidad arquitectónica.

Salvia de hojas pequeñas

Esta variedad tiene un intenso aroma a grosella, con hojas de sabor divertido y afrutado. Es perfecta para aromatizar tanto ginebra como cócteles afrutados.

Son muchísimas las variedades de hierbas con las que puedes crear tu jardín de aromáticos para cócteles. Aunque aquí hemos usado tres variedades de menta, es posible que en tu región haya otras con las que añadir sabores deliciosos a tus bebidas. El romero y la melisa siempre son buenas opciones para cualquier cóctel.

El serpol es mi aromático preferido para los cócteles estivales, aunque casi todas las variedades de tomillo limón realzarán el cóctel al que las añadas.

Alternativas

Plantas para regalar como recuerdo

Este es un proyecto muy fácil y satisfactorio. En función de a cuánta gente hayas invitado a tu fiesta, solo necesitarás unas horas para terminarlo.

¿Qué
necesitarás?

+ 10 macetas de barro de 10 cm (4 in) de diámetro
+ Sustrato universal
+ Hierbas aromáticas en macetas de 9 cm (3½ in)
+ Cinta o cordel decorativo

Plantas
sugeridas
para este
proyecto

+ Hinojo marino
+ Salvia púrpura
+ Romero

Con este proyecto, descubrirás que las hierbas pueden ser recuerdos muy bonitos y desempeñar dos funciones en tu evento: por un lado, centros de mesa y, por el otro, regalos que tus invitados se pueden llevar a casa para cultivarlos allí y tener un bonito recuerdo de la ocasión.

Nota acerca de las plantas sugeridas

Todas las plantas se han elegido para que resulten interesantes a tus invitados y para que sean una decoración bonita y resistente durante toda la celebración. Sobrevivirán al evento sin necesidad de que nadie las cuide.

01

Dispón las macetas vacías en una superficie de trabajo cómoda.

02

Empieza a añadir sustrato universal a la primera maceta y deja espacio suficiente para la profundidad de la planta.

03

Extrae cada planta de su maceta original.

04

Deposita las plantas en las macetas de barro que hayas escogido.

05

Añade sustrato alrededor del cepellón de la planta hasta que llegue al borde de la maceta.

06

Repite los pasos 2-5 con el resto de las macetas.

07

Decora las macetas con una cinta o un cordel.

08

Riega las plantas con un poco de agua, para que estén listas para ser regaladas.

Cuidar de tus plantas para regalar como recuerdo

+ Prepara las macetas varios días antes de la fiesta, para que tengan tiempo de asentarse.

+ Riega las plantas el día anterior a la fiesta, para que tengan tiempo o de absorber la humedad.

Las plantas

Hinojo marino

Se ha convertido en un ingrediente gourmet de moda. Suele crecer cerca de la costa y, a largo plazo, necesitará que lo riegues con una solución salina. En la fiesta, será un centro de mesa muy llamativo, por lo característico de sus hojas.

Salvia púrpura

El intenso púrpura de sus hojas es precioso y muy llamativo como centro de mesa. Es una planta muy bonita que apenas requiere cuidados y tus invitados disfrutarán de sus hojas siempreverdes durante años después de la fiesta.

Romero

Es una hierba clásica y resistente que se asocia a la memoria desde la Antigüedad. En las mesas de la fiesta, aportará altura y estructura decorativas. A tus invitados les encantará cuidarla cuando lleguen a casa y, a cambio, les ofrecerá años de sabor y de aroma.

Alternativas

Distintas combinaciones de plantas pueden quedar fantásticas en la mesa, así que juega con variedades diversas. Mi consejo es que elijas variedades robustas y resistentes, porque necesitas que se mantengan perfectas durante la fiesta y que sigan siendo atractivas cuando lleguen a casa de tus invitados. Las variedades leñosas, como el romero, el tomillo y la salvia son opciones fantásticas, pero te sugiero que intentes encontrar alguna variedad de menta llamativa. El aroma será fabuloso y encantará a tus invitados.

Jardín de hierbas de invierno

Nivel
de dificultad

Con este proyecto, obtendrás aromas deliciosos durante los meses más fríos. Es una manera fácil y divertida de plantar hierbas aromáticas de invierno y perfecta para hacer a finales de verano o principios de otoño.

¿Qué
necesitarás?

+ Macetas de barro con agujero de drenaje
+ Sustrato universal
+ Sustrato de grava *Opcional
+ Hierbas aromáticas en macetas de 9 cm (3½ in)

Plantas
sugeridas
para este
proyecto

+ Tomillo dorado
+ Romero BBQ
+ Serpol
+ Ajedrea

Disfruto mucho de los meses más fríos del año. Cuando la temperatura baja, los guisos reconfortantes vuelven a hacer su aparición, condimentados siempre con maravillosas hierbas aromáticas. Además, las visitas al jardín de hierbas aromáticas en invierno me revitalizan y me llenan de bienestar.

Nota acerca de las plantas sugeridas

He elegido cuidadosamente estas variedades, porque las he disfrutado mucho durante los meses más fríos. Son resistentes y toleran bien el frío, además de aportar aromas deliciosos a los platos invernales.

01

Reúne las macetas
de hierbas que
vas a plantar.

Opcional: Mezcla un puñado
de sustrato de grava con
el sustrato universal, para
facilitar el drenaje.

02

Antes de comenzar,
asegúrate de que el
agujero de drenaje
de las macetas sea
lo suficientemente
grande.

03

Comienza a añadir
sustrato universal
a las macetas y deja
espacio suficiente
para la profundidad
de las hierbas que
vas a plantar.

04

Extrae las plantas de
las macetas originales
y deposita cada una en
su maceta de destino.

05

Añade cuidadosamente
más sustrato universal
(con o sin sustrato de
grava mezclado) hasta
que llegue al borde de
la maceta. Compáctalo
para que la planta
quede bien sujeta.

06

Riega las macetas
recién plantadas.

07

Programa en la agenda
o el móvil un recordatorio
para asegurarte de que
disfrutas con regularidad
de tu nuevo jardín de
hierbas de invierno.

Cuidar de tu jardín de hierbas de invierno

+ Las hierbas de este jardín de invierno estarán muy cómodas y sobrevivirán sin problemas a un invierno británico típico. Si han de crecer en condiciones más extremas, consulta las guías de cultivo locales e identifica variedades que soporten bien el invierno.

+ Asegúrate de que tu jardín de hierbas de invierno no se encharque y revisa las macetas con regularidad en los grises días invernales.

+ Cuando las plantas se revitalicen y reanuden el crecimiento una vez llegue la primavera, las puedes trasplantar a macetas más grandes. ¡También serán regalos fantásticos para amigos o familiares!

Las plantas

Tomillo dorado

Es una variedad de tomillo tan deliciosa como bella y cuyas hojas ofrecen el aroma a tomillo clásico. Me encanta cultivar esta planta en invierno, porque sus colores llamativos siempre destacan en los días más grises y alcanza todo su esplendor a principios de primavera.

Romero BBQ

Esta bien podría ser mi hierba favorita en invierno. Aunque el romero me encanta en todas sus variedades, el romero BBQ es fantástico, porque combina el aroma clásico del romero con potentes notas ahumadas. ¡Es el condimento perfecto en una olla de cocción lenta!

Ajedrea

Si nunca has cultivado ajedrea en invierno, ¿a qué esperas? El aroma apimentado que contienen las hojas resistentes y robustas de esta planta es ideal para sopas, guisos y estofados invernales.

Serpol

El tomillo limón es un aroma maravilloso que siempre me reconforta en los días de invierno, pero el serpol, más dulce y de crecimiento más lento que el tomillo limón tradicional, es doblemente especial. La promesa de las bonitas flores que esta variedad de tomillo limón produce cuando el tiempo mejora siempre me hace soñar con la primavera.

Alternativas

El jardín de hierbas de invierno puede incluir todo tipo de variedades distintas, en función de las que crezcan en tu región. Valora la posibilidad de incluir salvia púrpura u otras variedades de tomillo, como el tomillo rastrero, el tomillo limón rastrero o el tomillo tradicional, que crece bien derecho. Asegúrate de que sean resistentes y, sobre todo, de que te hagan sonreír. Todos lo necesitamos durante los días más oscuros de invierno.

Maceta colgante

Nivel
de dificultad

La tendrás lista en menos de una hora. Es un proyecto divertidísimo y muy fácil.

¿Qué
necesitarás?

+ Maceta colgante de 25 cm (9¾ in) de diámetro
+ Soporte para maceta colgante
+ Tijeras o taladro *Opcional
+ Sustrato de grava *Opcional
+ Sustrato universal
+ Hierbas aromáticas en macetas de 9 cm (3½ in)

Plantas
sugeridas
para este
proyecto

+ Serpol
+ Romero colgante
+ Tomillo rastrero

Las macetas colgantes son una opción fantástica para cultivar plantas aromáticas y culinarias cuando se dispone de poco espacio y permiten crear condiciones de drenaje ideales para las hierbas. Hace varios años, vivía en una casa con muy poco espacio exterior y fue entonces cuando me di cuenta de que las hierbas aromáticas no solo son más productivas en macetas colgantes, sino que tienen un aspecto sensacional.

En este proyecto, he optado por plantar las hierbas en una cesta colgante metálica, que añade un elemento estético bello e interesante a la colección de hierbas aromáticas. Si lo prefieres, puedes usar macetas colgantes de plástico o de mimbre.

Nota acerca de las plantas sugeridas

Para esta maceta colgante he elegido variedades bajas o rastreras de tomillo y un romero colgante, pero las puedes sustituir por otras variedades de hierbas aromáticas bajas.

01

Antes de comenzar, decide dónde vas a colgar la maceta. Personalmente, me gusta colgarlas cerca de la puerta de la cocina, para tenerlas siempre a mi alcance.

02

Cuelga el soporte para macetas colgantes, si es necesario.

03

Comprueba que la maceta colgante tenga agujeros de drenaje en la base, para asegurarte de que drenará bien. Yo tuve que taladrar varios agujeros más en la base de la maceta de la imagen. Muchas macetas colgantes están forradas de plástico, que ayuda a retener la tierra. De ser así, haz varios cortes pequeños con unas tijeras, para que el exceso de agua se pueda escurrir.

Opcional: Mezcla un puñado de sustrato de grava con el sustrato universal.

04

Añade sustrato universal a la cesta colgante y deja espacio suficiente para la profundidad de las hierbas aromáticas elegidas.

05

Elige las hierbas que vas a plantar y decide cómo las dispondrás en la maceta. Consejo: si plantamos en primavera, tendemos a usar plantas de 3 × 9 cm (3½ in) en macetas colgantes de 25 cm (9¾ in) de diámetro, pero en otoño recomendamos plantas de 4 × 9 cm (3½ in), porque en invierno crecerán con más lentitud.

06

Extrae con cuidado las plantas de las macetas originales y colócalas en la maceta colgante, aproximadamente en la posición definitiva que ocuparán.

07

Gira lentamente la maceta colgante, para comprobar cómo se ve desde distintos ángulos.

08

Añade más sustrato alrededor de cada planta y llena la maceta colgante hasta el borde.

09

Compacta cuidadosamente el sustrato alrededor de las plantas, para afianzarlas.

10

Cuelga la maceta y riégala.

Cuidar de
tu cesta colgante

+ A medida que las plantas
  crezcan, poda el tercio superior
  para estimular un crecimiento
  vibrante y productivo
  (en la p. 25 encontrarás
  consejos sobre la poda).

+ Riega la maceta colgante
  con regularidad en los meses
  cálidos y con menos frecuencia
  durante los más frescos.

+ Las plantas seguirán
  creciendo y puede que
  llegue un momento en el que
  convenga que las saques
  de la maceta colgante y
  las trasplantes a macetas
  más grandes. Es muy buena
  idea, porque son seres
  vivos bonitos y maravillosos
  que deberían poder seguir
  creciendo durante años.
  A continuación, replanta
  la maceta original con
  plantas más jóvenes.

Las plantas

Serpol

Es una de mis hierbas aromáticas preferidas. El serpol es una variedad baja de tomillo limón, por lo que es perfecto para una maceta colgante. Aunque otras variedades bajas de tomillo también serían ideales, esta me encanta porque sus hojas son de un sabor más dulce que el del tomillo limón habitual.

Es un aroma ideal para los platos de pollo o de pescado, a los que aporta un dulzor que contrasta con el salado. También es ideal en cócteles e infusiona la ginebra de aromas delicados. Durante el confinamiento, descubrí también las delicias de la infusión de serpol. Vierte agua hirviendo sobre las hojas y espera a que se infusione del dulce aroma a limón.

En verano, produce unas preciosas flores de color rosa, por lo que añadirá belleza, además de aroma, a la maceta colgante.

Romero colgante

Esta variedad de romero tiende por naturaleza a desbordarse y derramarse en lugar de crecer derecho, como el romero tradicional. Es perfecto para las macetas colgantes, porque su follaje se extenderá lentamente y suavizará el conjunto.

El aroma a romero me abre el apetito y el sabor que contienen las hojas más blandas del romero colgante es especialmente útil en la cocina, por ejemplo en platos de cordero o en guisos. A los productores de bebidas con los que he trabajado también les encanta añadir este aromático a sus cócteles.

Tomillo rastrero

Esta variedad baja de tomillo se extiende poco a poco, hasta tapizar el sustrato como una bella alfombra. Las hojas son bonitas, resistentes y aromáticas. Me encantan las flores, que aparecen a mediados de verano y se derramarán, plácidamente, por los bordes de la maceta. Las abejas del lugar estarán encantadas, también.

Alternativas

Las plantas que acabo de describir son las que he usado en mi cesta colgante, pero puedes usar muchas otras si no encuentras las variedades específicas que menciono. Todas las variedades bajas de tomillo quedarán estupendas en una maceta colgante y también puedes añadir orégano o mejorana, por ejemplo (ten en cuenta que los tendrás que trasplantar a macetas más grandes al final de la temporada de cultivo).

Jardín de hierbas para infusiones

Nivel de dificultad

Es un proyecto muy fácil y divertido que requiere muy poco tiempo.

¿Qué necesitarás?

+ Maceteros decorativos sin agujero de drenaje
+ Macetas con agujeros de drenaje
+ Sustrato universal
+ Hierbas aromáticas en macetas de 9 cm (3½ in)

Plantas sugeridas para este proyecto

+ Menta marroquí
+ Menta de jengibre
+ Salvia piña

En un mundo de vidas permanentemente conectadas y enchufadas, muchos de nosotros existimos en el tiempo entre notificación y notificación de nuestros dispositivos electrónicos.

Este proyecto te animará a cuidarte. Espero que, cuando coseches y disfrutes los ingredientes que habrás cultivado en el jardín de hierbas para infusiones de tu cocina, te dediques el tiempo necesario para relajarte, recargar las pilas y disfrutar de la experiencia sensorial de beber infusiones caseras.

Nota acerca de las plantas sugeridas

Esta es la selección de mis plantas preferidas para que puedas prepararte unas buenas infusiones revitalizantes.

01

Dispón los maceteros vacíos en una superficie de trabajo cómoda.

02

Comprueba que las macetas con agujero de drenaje quepan en los maceteros.

03

Empieza a llenar las macetas con sustrato universal y deja espacio suficiente para la profundidad de las plantas.

04

Extrae con cuidado las plantas de sus macetas de origen y deposítalas una a una en las macetas de destino.

05

Una vez estén en sus macetas respectivas, añade sustrato universal alrededor del cepellón de las plantas, hasta que la tierra llegue al borde de la maceta.

06

Deposita en los maceteros decorativos las macetas con las plantas.

07

Coloca las hierbas aromáticas recién plantadas en un lugar de la cocina accesible y en el que reciban algo de luz natural.

08

Riega las macetas para que las plantas se asienten, pero no te excedas con el agua. Si el exceso de agua se acumula en el fondo de los maceteros, elimínala.

09

Espera a que las hierbas aromáticas para infusiones se hayan asentado bien en su nuevo hogar antes de empezar a cosechar ingredientes para tus infusiones caseras.

Cuidar de tu jardín de hierbas para infusiones

+ A medida que las plantas siguen creciendo, poda el tercio superior para estimular un crecimiento productivo y vibrante. Así, evitarás que las plantas de interior desarrollen tallos largos y sin hojas a medida que se estiran hacia la luz.

+ Riega con regularidad tu jardín de hierbas para infusiones. Recuerda que es posible que necesiten un poco más de agua de lo habitual, por el calor de la cocina y el abrigo del cristal de las ventanas.

+ Como seguirán creciendo, es posible que llegue un momento en el que las tengas que trasplantar a macetas más grandes. Es muy buena señal, ya que demuestra que tus plantas disfrutan de su nuevo hogar al tiempo que te proporcionan abundantes y deliciosas infusiones.

Las plantas

Menta marroquí

Es una variedad de menta clásica para infusiones. La menta marroquí tiene un sabor intenso, almizclado y relajante que me serena instantáneamente. Es perfecta en las tardes de verano.

Salvia piña

Me encantan las notas afrutadas que esta variedad de salvia aporta a las infusiones. Es dulce y afrutada, sin ser empalagosa, y el aroma a piña resulta embriagador a medida que la taza se acerca a los labios. Además, la salvia piña hará que tu cocina huela de maravilla.

Menta de jengibre

Es preciosa y crece poco a poco. El variegado dorado resplandece bajo la luz del sol. Con ella, obtendrás una infusión sutil que combina el clásico sabor de la menta con notas claras de jengibre. Es una combinación fantástica que me relaja y me serena.

Alternativas

Estas plantas son las que componen el jardín de hierbas para infusiones de mi cocina, pero puedes cultivar muchas otras. La mayoría de las variedades de menta se convierten en infusiones deliciosas. La menta de lima y la menta de fresa son estupendas. Si no encuentras estas variedades concretas, cultiva hierbas para infusiones que reflejen tus gustos personales y mejoren tu estado de ánimo.

Jardín sensorial

Se trata de un proyecto divertido y sencillo. Invierte una tarde en él y lo podrás disfrutar durante al menos toda una estación.

+ Jardinera de madera de varios niveles
+ Tijeras o taladro *Opcional
+ Sustrato de grava *Opcional
+ Sustrato universal
+ Hierbas aromáticas en macetas de 9 cm (3½ in)

+ Menta piña
+ Menta de lima
+ Salvia púrpura

Crear un jardín sensorial con hierbas aromáticas es crear un espacio que se puede disfrutar de múltiples maneras. Vivimos vidas cada vez más aisladas de la alegría pura que ofrece la activación de los sentidos. Hace diez años que divulgo las propiedades de estas plantas extraordinarias y que observo la inmensa alegría que sienten las personas al tocar su textura, sentir el rocío de las hojas sobre la piel, oler sus aromas característicos, oír el viento entre las hojas y disfrutar de la belleza de las flores que producen en primavera y en verano.

El jardín sensorial tenía que ser uno de los proyectos del libro, porque me encanta que estos jardines sean accesibles para todos, independientemente de la edad, la cultura, la tradición o la accesibilidad. Estas plantas se pueden disfrutar desde todos los sentidos. Y la activación de los sentidos es uno de los elementos integrales de la experiencia del cultivo de plantas.

01

Elige una jardinera adecuada
para ti y para el espacio de
que dispongas. Por ejemplo,
añadir varios niveles no solo
mejora el elemento estético,
sino también tu capacidad
para activar los sentidos.

02

Ubica la jardinera en un lugar
de fácil acceso que te motive
a visitar el jardín sensorial con
regularidad y que los niños
puedan disfrutar también.

03

Asegúrate de que la jardinera
drene bien. Si está forrada de
tela o de plástico, corta varias
incisiones con unas tijeras, de
modo que el exceso de agua
se pueda eliminar. Quizás
tengas que taladrar orificios
adicionales en la jardinera.

Opcional: Mezcla un puñado de sustrato
de grava con el sustrato universal.

04

Llena la jardinera con
sustrato universal y deja
espacio suficiente para poder
acomodar los cepellones
de las plantas elegidas.

05

Decide cómo colocarás
y presentarás las plantas.
En el ejemplo de la imagen,
he colocado varias hierbas
aromáticas en cada nivel.

06

Extrae con cuidado las plantas
de sus macetas originales y
colócalas en la jardinera, en las
posiciones aproximadas que
ocuparán. Observa la jardinera
desde varios ángulos, para
evaluar el espacio y la estética.

07

Añade más sustrato alrededor
de cada planta y sigue
añadiendo hasta que llegue
al borde de la jardinera.

08

Compacta suavemente el
sustrato alrededor de las
plantas, para asentarlas,
y riégalas una vez estén
en la posición deseada.

Cuidar de tu jardín sensorial

+ He sugerido plantas resistentes y que crecen con rapidez. Podar el tercio superior de las plantas con regularidad durante la temporada de cultivo promoverá un crecimiento saludable e impedirá que los tallos se vuelvan leñosos (véase la p. 25).

+ Lo más probable es que las plantas del jardín sensorial acaben creciendo hasta ser demasiado grandes para la jardinera. Llegado ese momento, las puedes dividir y replantar en otras macetas (véase la p. 43). Así, el jardín sensorial se expandirá y cubrirá más espacio. Y siempre puedes compartir la alegría de cultivar plantas sensoriales con tus vecinos y amigos a medida que vayas acumulando plantas adicionales.

+ Riega el jardín sensorial con regularidad en los meses cálidos y un poco menos durante los meses más fríos.

Las plantas

Menta piña

Es una variedad de menta extraordinaria con unas hojas variegadas bellísimas, sobre todo bajo luz natural de baja intensidad. Atrae la mirada cada vez que pasas junto a ella y, además, huele de maravilla. Me tengo que contener para no pasar los dedos entre las hojas.

Menta de lima

No es una variedad sutil. Despide un aroma muy potente, fresco y vibrante. Activa mis sentidos cada vez que toco las hojas y creo que es una planta sensorial perfecta.

Salvia púrpura

La salvia púrpura es una de esas hierbas mágicas que mantiene un aspecto fantástico en cualquier estación. Las hojas son muy bonitas y emiten un sonido mágico cuando el viento pasa entre ellas. El aroma a salvia es intenso y evocador y me recuerda a los almuerzos en familia de los domingos.

Alternativas

Las plantas que he descrito corresponden a las que he incluido en mi jardín sensorial, pero hay muchas otras que también podrías usar. Las múltiples variedades de tomillo ofrecen aromas deliciosos y tonalidades de hojas que contrastan entre ellas. También hay muchas variedades de menta que dotarán al jardín sensorial de un maravilloso aroma fresco. Cuando el viento sopla entre el cebollino o el hinojo, las hojas emiten sonidos hechizantes. ¡Tienes muchísimas opciones!

Jardín en el alféizar

Nivel
de dificultad

Este proyecto no podría
ser más fácil y divertido.

¿Qué
necesitarás?

+ Maceteros de cerámica
  sin agujero de drenaje
+ Macetas de plástico con
  agujero de drenaje
+ Sustrato universal
+ Hierbas aromáticas en maceta
+ Luces de crecimiento de
  espectro completo *Opcional

Plantas
sugeridas
para este
proyecto

+ Albahaca griega
+ Cilantro
+ Cebollino

Las hierbas culinarias se cultivan sobre todo para que sumen aromas deliciosos a nuestros platos, por lo que creo que cultivarlas a escasos centímetros de donde preparamos la comida es un gran privilegio. Es maravilloso poder recortar cebollino fresco y añadirlo a la tortilla del desayuno y, así, traer la naturaleza a la cocina. Es un proyecto perfecto cuando no se dispone de espacio en el exterior.

01

Elige maceteros que encajen con el estilo de tu cocina o que te resulten atractivos. Asegúrate de que sean más grandes que las macetas con hierbas que quieres depositar dentro.

02

Compra macetas de plástico con agujeros de drenaje que quepan en los maceteros que has escogido.

03

Reúne los maceteros y ponte manos a la obra. Te sugiero que lo hagas fuera, si puedes, para evitar que la cocina acabe llena de tierra.

04

Pon un poco de sustrato universal en el fondo de cada maceta de plástico y asegúrate de que queda suficiente espacio para el cepellón de la planta que vas a plantar.

05

Extrae con cuidado las plantas de sus macetas y deposítalas en sus respectivas macetas de destino.

06

Poco a poco, rellena con sustrato el espacio alrededor de las plantas, hasta llenar toda la maceta.

07

Repite el proceso con todas las plantas.

08

Introduce las macetas en los maceteros y deposita estos en el alféizar de la ventana de la cocina.

09

Riega las plantas generosamente, para que se asienten bien en el sustrato mojado. El macetero de cerámica contendrá el agua sobrante.

Cuidar de tu jardín en el alféizar

+ Las hierbas de este proyecto vivirán encantadas en un alféizar soleado. Si quieres llevar el cultivo de hierbas aromáticas de interior al siguiente nivel, usa luces de crecimiento.

+ Poda el jardín del alféizar con regularidad, para evitar que los tallos de las plantas se vuelvan demasiado largos y sin hojas y para facilitar el crecimiento sano y la circulación del aire entre las plantas (véase la p. 25). De este modo, siempre dispondrás de hojas frescas que añadir a tus platos.

+ Las plantas del jardín en el alféizar acabarán creciendo demasiado para las macetas en que están y tendrás que trasplantarlas a macetas más grandes (véase la p. 43). Aviso: cultivar hierbas aromáticas en casa puede ser muy adictivo y cada día tengo que resistirme al impulso de llenar todos los alféizares de casa con ellas.

Las
plantas

Cebollino

Es una planta aromática clásica que apenas requiere mantenimiento y que crece muy bien en un alféizar interior. ¡Además, las flores son preciosas!

Albahaca griega

Es una albahaca de hojas pequeñas y aroma intenso que nos encanta cultivar dentro de casa, porque agradece el cobijo adicional. Es perfecta para los platos de pasta.

Cilantro

Puede ser muy productivo en un alféizar. Recórtalo con regularidad para estimular un crecimiento sano y demorar la floración de la planta. Es ideal para los platos de arroz.

Alternativas

Me encanta cultivar dentro de
casa las variedades que acabo de
describir, aunque también podrías
cultivar muchas otras. El orégano,
la menta y el perejil crecerán muy
felices en un jardín en el alféizar.

Jardín de hojas de ensalada en el balcón

Nivel
de dificultad

Con este proyecto fácil y divertido, cultivarás tus propias hojas para ensalada en un espacio compacto al que siempre podrás regresar a por más. Es ideal para jardines pequeños y balcones o para quienes no quieren desplazarse mucho para cosechar ingredientes frescos.

¿Qué necesitarás?

+ Jardinera escalonada
+ Sustrato universal
+ Plantas aromáticas en maceta

Plantas sugeridas para este proyecto

+ Mostaza roja gigante
+ Pimpinela menor
+ Mostaza china
+ Cilantro

Las hojas para ensalada
que puedes cortar y a las
que puedes regresar una
y otra vez son fantásticas,
porque te permiten cosechar
continuamente ingredientes
frescos con sabores
deliciosos que crecen
y vuelven a crecer durante
toda la temporada de cultivo.
Este proyecto te muestra
cómo cultivar estas plantas
en un espacio compacto que
facilita tanto cosecharlas
como disfrutarlas.

CONSEJO

Consulta en las etiquetas de las variedades que elijas cuánto
espacio necesitan. También has de tener en cuenta la época
del año y las condiciones de tu región. Por ejemplo, a finales
de primavera en Reino Unido, sé que las hierbas y las plantas
crecerán con rapidez y se extenderán, mientras que si las planto
en verano, al final de la temporada, crecerán con más moderación.

01

Coloca la jardinera escalonada en la ubicación que hayas elegido y ten en cuenta la accesibilidad, porque, si llueve, es posible que no te quieras desplazar demasiado lejos para cosechar hojas para ensalada.

02

Cubre el fondo de todos los niveles de la jardinera con un poco de sustrato universal y asegúrate de que dejas espacio suficiente para el cepellón de las hojas para ensalada que aguardan en sus macetas de origen.

03

Coloca en la jardinera las plantas aún en sus macetas, para valorar las necesidades de espacio. Crecerán con fuerza y se extenderán, pero tampoco quieres desaprovechar la jardinera, así que dales solo un poco más espacio de lo habitual.

04

Extrae cuidadosamente las plantas de sus macetas y colócalas en el lugar que hayas elegido para ellas en la jardinera escalonada.

05

Poco a poco, añade sustrato universal alrededor de las plantas y rellena el resto de la jardinera hasta llegar al borde.

06

Riega tu nuevo jardín de hojas para ensalada y espera a que crezca.

Cuidar de tu jardín de hojas para ensalada en el balcón

+ Las hojas para ensalada que has plantado en la jardinera necesitarán que las riegues con regularidad durante los meses cálidos, para estimular el crecimiento saludable e impulsar la productividad.

+ Poda las plantas con regularidad, para evitar que desarrollen tallos largos y sin hojas, estimular el crecimiento positivo y, en definitiva, conseguir más hojas deliciosas que añadir a tus ensaladas.

+ En las tardes húmedas, escudriño con regularidad el estado de mi jardín de hojas para ensalada, en busca de babosas. La prevención es la mejor estrategia, porque las tiernas hojas de ensalada serán una enorme tentación para las babosas.

Alternativas

¡Son tantas la hojas para ensalada
que puedes usar en este proyecto!
El cebollino está delicioso y es ideal
para plantar en jardineras de este
tipo, mientras que la achicoria
y el mizuna (berro japonés) son
también opciones fantásticas.

Jardín de flores

Nivel
de dificultad

Con este proyecto, cultivarás tus propias flores silvestres, que no solo serán bellísimas, sino que te ofrecerán unas fragancias deliciosas. Lo puedes adaptar al tamaño de tu espacio de cultivo y a tu capacidad física para preparar y mantener el lecho de flores. Necesitarás varias horas para prepararlo y, luego, tendrás que mantenerlo con regularidad para cuidar y finalmente cosechar los tallos floridos.

¿Qué
necesitarás?

+ Arriate elevado o jardinera
+ Sustrato universal *Opcional
+ Hierbas aromáticas en maceta

Cultivar tus propias flores silvestres es una afición que proporciona tanta alegría como beneficios para el bienestar. Cortar tallos floridos y decorar con ellos la casa es maravilloso. Con este proyecto, aprenderás a cultivar variedades de hierbas específicamente para cosechar las flores y disfrutar de su fragancia.

Plantas
sugeridas
para este
proyecto

+ Salvia de hojas pequeñas

+ Hisopo

+ Lavanda intermedia

01

Elige el espacio que
transformarás en
tu jardín de flores
particular. Yo he
plantado el mío en
un arriate elevado,
por comodidad, pero
también puedes
usar jardineras.

02

Arranca las malas
hierbas de la zona
donde vayas a plantar.
Si es necesario, añade
sustrato universal al
arriate o a la jardinera
y asegúrate de dejar
espacio suficiente
para el cepellón de
las plantas elegidas.

03

Dispón las hierbas con
flores que hayas elegido,
aún en sus macetas, en
la zona donde las vas
a plantar y determina
las necesidades de
espacio de cada una.

04

El diseño depende de
ti, pero es importante
que te asegures de
que las plantas más
altas queden en la
parte posterior del
arreglo floral.

05

En este proyecto,
es fundamental que
puedas acceder
cómodamente a
las plantas para
cortar los tallos.

06

Si plantas el jardín de
flores en el suelo, cava
hoyos donde acomodar
los cepellones de
cada planta.

07

Extrae con cuidado
las plantas de sus
macetas de origen
y deposítalas en sus
hoyos respectivos.

08

Vuelve a llenar los
hoyos con sustrato
universal o con la tierra
que acabas de extraer.

09

Una vez tengas a todas
las plantas en el lugar
que les corresponde,
riega tu flamante
jardín de flores.

Cuidar de tu jardín de flores

+ Riega el jardín de flores
  con regularidad durante
  los periodos calurosos.

+ Si los tallos son muy
  altos y están desnudos
  de hojas y flores,
  pódalos para promover
  un crecimiento sano y
  compacto (véase la p. 25).

+ Acuérdate de arrancar
  las malas hierbas con
  regularidad, para que
  no ahoguen a las tuyas.

Las plantas

Salvia de hojas pequeñas

Esta fantástica variedad de salvia no solo huele intensamente a grosella, sino que, llegado el verano, produce unas flores muy llamativas. Cortadas son fabulosas y fueron las protagonistas del ramo y de las solapas en nuestra boda.

Lavanda intermedia

Aunque puedes cultivar muchísimas variedades de lavanda en tu jardín de flores, la lavanda intermedia es especial, porque produce bellísimas flores blancas.

Hisopo

Es una hierba maravillosa, fácil de cultivar y con bonitos tallos que se cubren de flores en verano. El hisopo puede dar flores azules, rosas o blancas.

Alternativas

Hay muchas hierbas con flores maravillosas que puedes usar en tu jardín de flores. La salvia piña produce unas flores bellísimas durante un periodo de tiempo prolongado y también hay muchas otras plantas que puedes cultivar por lo bonito de sus hojas, como la menta de piña, el romero o el hinojo. Hay muchas variedades de lavanda, cada una con su matiz de color, su textura y su forma características. Todas quedarán bien en tu jardín de flores.

Acerca
del autor

Andrew Perry es el cerebro de
Urban Herbs, que promueve y distribuye
una amplia variedad de hierbas en el
Reino Unido, tanto en internet como en
mercados regionales y en los programas
Good Food Shows de la BBC. Andrew
trabaja con ONG locales para crear
jardines de hierbas que la comunidad
pueda disfrutar e insiste en los
beneficios de los jardines sensoriales en
las escuelas. Usa las redes sociales para
difundir la alegría de cultivar hierbas.

Agradecimientos

Son muchas las personas que han contribuido a hacer realidad este libro.

Gracias a Lins y a Simon por haber leído y revisado los múltiples borradores.

También debo un enorme agradecimiento a mis padres, por haber creído siempre en mí y por haberme comprado mi primer túnel de cultivo hace ya 13 años.

Gracias a mis numerosos seguidores en las redes sociales, que comparten conmigo la pasión por cultivar hierbas y que me ayudan a seguir creciendo con su aliento y con su apoyo.

Gracias a Eve, por la fe, la visión y el apoyo que han permitido que este libro se haya hecho realidad. Gracias a Chelsea y a Phillipa, por su maravilloso trabajo, con que han dado vida a estas páginas.

Por último, gracias a mi mujer, Kate, que me ha apoyado durante estos diez últimos años durante los que he crecido y durante los que ha metido con regularidad los brazos en la tierra hasta los codos y me ha perdido durante las sucesivas temporadas de cultivo, pero, sobre todo, por haber leído y revisado detenidamente todos los borradores del libro.

La edición original de esta obra ha sido publicada en
el Reino Unido en 2023 por Hardie Gran Books, sello
editorial de Hardie Grant Publishing, con el título

The Herb Gardening Handbook

Traducción del inglés
Montserrat Asensio

Av. Diagonal, 402 – 08037 Barcelona
www.cincotintas.com

Primera edición: febrero de 2024

Impreso en China
Depósito legal: B 17260-2023
Código Thema: WMP
Jardinería: guías de plantas y cultivo

ISBN 978-84-19043-42-9